Jürgen Teumer

„Ich habe manchmal an mein Grab gedacht ...“

Paula Modersohn-Beckers Grab auf dem Friedhof in Worpswede

Donat Verlag

Bibliografische Information der Deutschen Bibliothek

Die Deutsche Bibliothek verzeichnet diese Publikation in der Deutschen Nationalbibliografie; detaillierte bibliografische Daten sind im Internet über http://dnb.ddb.de abrufbar.
ISBN 3-938275-01-4

Das Foto auf dem Umschlagtitel stammt von Hed Saebens-Wiesner, Worpswede, der Ausschnitt auf der Umschlagrückseite ist Paula Modersohn-Beckers „Selbstbildnis mit zwei Blumen in der erhobenen linken Hand“, 1907, entnommen (Privatbesitz).

Bei der Wiedergabe von Zitaten wurde die Orthographie der alten Rechtschreibung angeglichen.

Borgfelder Heerstraße 29 · D-28357 Bremen
Telefon: (0421) 27 48 86 · Fax: (0421) 27 51 06
E-mail: donat-verlag@nexgo.de
Lektorat: Helmut Donat, Bremen
Layout und Umschlaggestaltung:
hofAtelier Toni Horndasch, Bremen
Druck: Druckerei und Verlag Steinmeier, Nördlingen

Inhalt

Vorwort

Wer von den zahlreichen Gästen, die den Künstlerort am Weyerberg besuchen, auf den idyllisch gelegenen Worpsweder Friedhof geht, der hat in der Regel ein besonderes Ziel: das Grabmal von Paula Modersohn-Becker. Der frühe Tod der berühmten Malerin wenige Tage nach der Geburt ihrer Tochter im November 1907 rührt die Menschen auch nach fast hundert Jahren. Und als Veranschaulichung dieser Tragik übt das von Bernhard Hoetger, dem bedeutenden Bildhauer, Designer, Maler und Architekten, geschaffene Monument auf der Grabstätte eine nahezu magische Anziehungskraft aus. Viele Geschichten ranken sich um seine Entstehung. Nicht alles ist historisch solide gesichert, manches sogar ein bißchen sehr frei fabuliert. Aber interessant sind seine Geschichte und die darum gewobenen Geschichten allemal.

Beteiligt sind daran mehrere Personen: Natürlich der schon erwähnte Bernhard Hoetger. Daneben selbstverständlich Otto Modersohn, der Ehemann und Witwer. Wichtig im Geschehen ist auch Dr. Kurt Becker-Glauch, der Arzt aus Bremen und älteste Bruder Paulas. Eine Nebenrolle hat Paulas Mutter, Mathilde Becker, inne. Der Vater Carl Woldemar Becker war ja bekanntlich schon kurz nach Paulas und Ottos Hochzeit im Jahre 1901 gestorben. Eine interessante Rolle am Rande spielt Heinrich Vogeler. Nicht unerwähnt bleiben dürfen die damaligen Worpsweder Pastoren Fitschen und sein Nachfolger Röhrbein sowie der hiesige Kirchenvorstand.

Am Anfang aber steht ein längerer Tagebucheintrag Paula Modersohn-Beckers. Ein Teil seines ersten Satzes verhalf diesem kleinen Buch zum Titel. Aber wichtiger

Bernhard Hoetger (1874-1949), Bildhauer, Maler, Baukünstler und Designer

noch: Was mag es wohl bedeuten, wenn sie, wenige Tage zuvor 26 Jahre alt geworden, am 24. Februar 1902 darin vermerkt: *„Ich habe manchmal an mein Grab gedacht und wie ich es mir anders denke als das andere“*? Die Malerin, zu diesem Zeitpunkt noch nicht einmal ein Jahr verheiratet, konnte nicht ahnen, daß der Tag, an dem die Angehörigen über die Gestaltung ihrer Grabstätte nachdenken und entscheiden mußten, nur gut fünf Jahre entfernt liegen würde. Und hätte sie gewußt, welche Probleme und Zerwürfnisse damit heraufbeschworen würden, sie wäre wohl sehr traurig darüber gewesen.

Aber gehen wir der Reihe nach vor, und lassen Sie uns erst einmal (in Gedanken) die Grabstätte aufsuchen. Wir wollen sie in ihrem aktuellen Zustand betrachten und ein wenig der in ihrer Gestaltung verborgenen Symbolik nachspüren. Erst dann werden wir den Blick zurück wenden, die Geschichte des Grabmals in den teils recht verworrenen Einzelheiten und vor allem die beteiligten Personen mit ihren Absichten und Handlungen kennenlernen.

Das von Bernhard Hoetger für die Malerin Paula Modersohn-Becker geschaffene Grabmonument „Werden und Vergehen" auf dem Worpsweder Friedhof

Besuch am Grab von Paula Modersohn-Becker

Das zweifellos meistbesuchte Grab auf dem Friedhof ist leicht zu finden: Wir gehen vom Eingang kommend an den schönen alten Grabsteinen und am Kirchturm vorbei bis zur Querung des nächsten Weges. Dort wenden wir uns nach links in Richtung zur alten Friedhofskapelle, spazieren an ihr längsseitig vorbei zur Begrenzungshecke des Friedhofs und dort etwa zwanzig Schritte nach rechts. Nun stehen wir vor dem eindrucksvollen Grabmonument. Selten ist man hier alleine. Und ebenso selten wird man das Grab ohne abgelegte Blumen von Verehrern der großen Malerin vorfinden.

Paula – ich werde sie von nun an so wie die meisten ihrer Besucher nennen – ruht hier nicht allein, sondern zusammen mit drei Frauen. Hinten rechts entdecken wir einen schwarzen Grabstein mit eingearbeiteten Efeuranken. Er erinnert an die erste Frau Otto Modersohns, Helene Modersohn, geborene Schröder. Otto Modersohn hatte sie erst 1897 geheiratet. Helene war zu dieser Zeit schon von einer schweren Krankheit gezeichnet, an der sie bereits 1900 im Alter von 31 Jahren verstarb, während er gerade für ein paar Tage in Paris weilte (eine merkwürdige Übereinstimmung beim Sterbealter übrigens, denkt man an das Schicksal von Paula). Aus der Ehe ging die 1898 geborene Tochter Elsbeth hervor.

An Elsbeth Modersohn erinnert ebenfalls eine schlichte Grabplatte mit ihren Lebensdaten: 1898-1984. Die unverheiratet gebliebene Elsbeth erreichte also, anders als ihre Mutter Helene, ein erfreulich hohes Alter. Paula

Grabstein von Helene Modersohn, der ersten Frau von Otto Modersohn

hat, solange es ihr vergönnt war, sie wie ein eigenes Kind erzogen. Elsbeth stand ihr häufig für wunderschöne Kinderbilder Modell.

Solches Glück war Paula mit ihrer eigenen Tochter Mathilde oder Tille, wie sie genannt wurde, nicht beschieden. Noch nicht einmal drei Wochen nach der Geburt – sie hatte das Wochenbett im Haus an der Hembergstraße, dem heutigen Museum, erstmals verlassen

Elsbeth Modersohn, Tochter aus Otto Modersohns erster Ehe und häufig von Paula Modersohn-Becker gemalt – Ölbild aus dem Jahre 1902

können – verstarb sie plötzlich an einer Embolie. Paulas beste Freundin, die Bildhauerin Clara Rilke-Westhoff (1878-1954), schildert, was Otto Modersohn ihr später berichtete[1]: „*Paula hatte die Erlaubnis aufzustehen und bereitete sich glücklich darauf vor. An das Fußende ihres Bettes ließ sie einen großen Spiegel stellen und kämmte davor ihre schönen Haare, flocht sie zu Zöpfen und machte sich eine Krone daraus. Sie steckte sich Rosen an,*

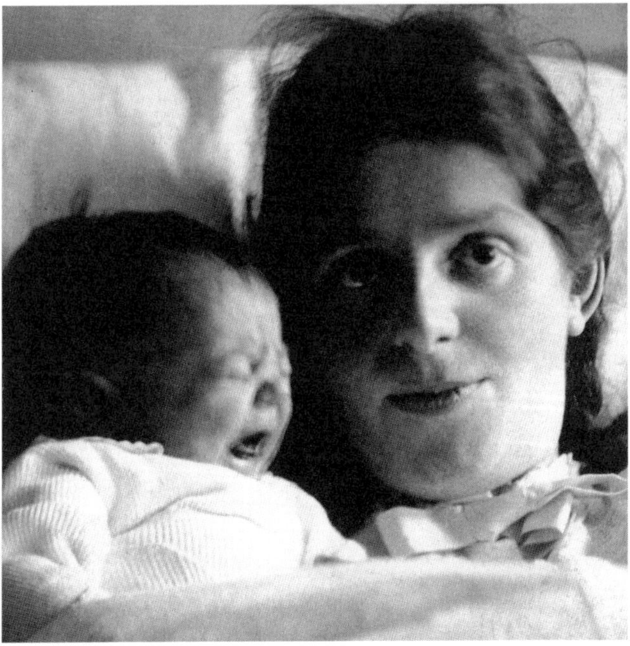

Paula Modersohn-Becker wenige Tage vor ihrem Tod mit ihrer Tochter Mathilde

die man ihr geschickt hatte, und ging dann, als Mann und Bruder sie stützen wollten, leicht vor ihnen her ins andere Zimmer, wo die Lichter angezündet waren, der Kronleuchter, ein Barockengel mit einem Lichterkranz um den Leib, und viele andere Kerzen. Da bat sie, man möchte ihr auch das Kind bringen, und als es bei ihr war, sagte sie: 'Nun ist es fast so schön wie Weihnachten.' Dann mußte sie plötzlich ihren Fuß hochlegen – und als man ihr zu Hilfe kam, sagte sie nur: 'Schade'" – nach Otto Modersohns Erinnerung soll es „*Wie schade*" gewesen sein.

Doch zur Grabstätte zurück: Auch Tille Modersohn ruht hier. Eine schlichte Grabplatte mit ihren Lebensdaten (1907-1998) weist aus, daß sie ein wahrhaft biblisches Lebensalter erreicht hat, fast 91 Jahre. Tille wuchs zusammen mit ihrer Halbschwester auf. Beide blieben stets miteinander verbunden. Sogar beruflich hatten sie sich beide zunächst als Kinderkrankenschwestern betätigt, Tille später als Fürsorgerin. Die letzten Jahre ihres langen Lebens verbrachten sie in einer gemeinsamen Wohnung in Bremen. Wie Elsbeth war auch Tille keine Ehe eingegangen.

Wo aber fand Otto Modersohn (1865-1943) seine letzte Ruhestätte? Auf dem Friedhof in Quelkhorn, einem Ort, etwa 20 Kilometer von Worpswede entfernt! Seine schlichte Grabstätte befindet sich vom Eingang von der Straße aus gesehen links hinten.

Warum aber Quelkhorn, wo er sich doch bald nach Paulas Tod in Fischerhude niedergelassen hat, wie überall zu lesen ist? Nun, Otto Modersohn verbrachte nur die ersten Jahre in Fischerhude. Seit 1917 wohnte er bis zu seinem Tode in Wilhelmshausen, einem Ortsteil von Quelkhorn, zwischen Fischerhude und Quelkhorn. Insofern sprach einiges dafür, ihn auf dem dortigen Friedhof zu bestatten.[2] Allerdings hat Fischerhude auch einen eigenen Friedhof, auf dem übrigens Clara Rilke-Westhoff begraben ist. Auch sie war bekanntlich in der zweiten Hälfte ihres Lebens in das beschaulichere Fischerhude übergesiedelt.

Zurück nach Worpswede. Beherrscht wird das Grab Paulas natürlich von dem Monument zu ihren Ehren, dem massiv gemauerten Sockel und der auf einer Deckelplatte befindlichen, aus Gußstein (Muschelkalk) gefertigten, halbentblößten, zurückgesunkenen, lebensgroßen Frauengestalt. Auf ihrem Schoß sitzt ein kleines nacktes Kind, das einen Apfel in den Händen hält.

Zu einigen Details des Monuments und ihrer Symbolik[3]: An den Seiten der Deckelplatte, der sogenannten Plinthe, ist ein eingraviertes Band leicht schwebender Wolken zu erkennen. An den vier Ecken breitet jeweils

Grab Otto Modersohns (1865-1943) auf dem Friedhof in Quelkhorn

Einer der Vögel an den Ecken der Deckelplatte

ein Vogel seine Schwingen aus. Da Hoetgers Kunst und Architektur von ostasiatischer Mythologie und Philosophie beeinflußt war, läßt sich die Wolke, die sich im Himmel auflöst, als ein Symbol für das Aufgehen der irdischen Persönlichkeit im Unendlichen betrachten. Vögel gelten als Mittler zwischen Himmel und Erde, im frühen Christentum auch als Symbole der geretteten Seelen.

Das Grabmal erinnert an einen antiken Sarkophag. Auf dem von den Vogelschwingen getragenen Deckel, der einem Wolkenteppich gleicht, verharrt die Sterbende in einer Abschiedshaltung, wie sie in der griechischen Antike häufiger anzutreffen ist. Das mit gekreuzten Beinen auf ihrem Schoß sitzende Kleinkind, von der Mutter

Frauengestalt mit Kind, wesentlicher Teil des Grabmonuments

mit der rechten Hand zärtlich an der Schulter gehalten, schaut in sich versunken vor sich hin. Es erinnert *„an einen sitzenden Buddha“*[4], wie ihn Hoetger schon als Zyklus „Licht- und Schattenseiten“ geschaffen hatte.[5] Da Buddha im Sanskrit so viel wie „Der Erwachte, der Erleuchtete“ bedeutet, liegt es nahe[6], daß Hoetger das Kind als buddha-ähnliche Figur im Sinne des Erwachten dargestellt hat, um damit dem Kreislauf von Vergehen und Werden sichtbare Gestalt zu geben.

Das Bild des sich stets verjüngenden Lebens – in der Figur des Kindes angedeutet – wird noch verstärkt durch den Apfel, den das Kind in Händen hält, gilt dieser doch, wie alles Obst mit Kernen, als Fruchtbarkeitssymbol. Andererseits interpretiert man ihn wegen seiner Kugelgestalt auch als Sinnbild der Ewigkeit.

Inmitten des klinkerummantelten Sockels ist eine steinerne Platte, ein rechteckiges Relief, zu sehen. *„Denen, die Gott lieben, müssen alle Dinge zum Besten dienen“*[7] – ist unter dem Namen und den Lebensdaten Paulas in dekorativer Hoetger-Schrift eingemeißelt, für die meisten allerdings schwer zu lesen. Es ist der Trauspruch von Otto und Paula Modersohn anläßlich ihrer Eheschließung am 25. Mai 1901, die wegen der ernsten Erkrankung von Paulas Vater bekanntlich in der Privatwohnung der Familie Becker in Bremen stattfinden mußte.

Auf der Grabstätte befindet sich als weiterer Hinweis auf Paula Modersohn-Becker eine von Heinrich Vogeler entworfene ovale Platte aus Sandstein mit dem vollen Namen und den Lebensdaten 1876-1907. Am Rande sei vermerkt, daß sie erst vor einigen Jahren wieder auf den

Inschriftenrelief auf dem Sockel des Monuments mit dem Trauspruch von Otto und Paula Modersohn

Heinrich Vogelers entworfene Platte auf der Grabstätte

Friedhof zurückgekehrt ist. Vorher hatte sie eine wahre Odyssee hinter sich zu bringen. Anfangs lehnte sie an dem unfertigen Sockel, lag dann für Jahre rasenüberwachsen auf dem ehemaligen Hausgrundstück von Bernhard Hoetger „Hinter dem Berg“. Schließlich war sie eine Zeitlang im „Haus im Schluh“ zwischengelagert.

Daß die Grabgestaltung keineswegs Paulas Wunsch entsprach, soll noch ausführlich dargestellt werden. Zunächst aber seien zwei interessante Details aus ihren Tagebüchern mitgeteilt, die einerseits mit dem Thema Tod, andererseits mit den Vorstellungen zum Grab und seinem Platz auf dem Friedhof zu tun haben.

Zwei Tagebucheinträge und ihre Entschlüsselung

Vier Wochen zuvor ziemlich erschöpft aus Paris nach Worpswede zurückgekehrt, vertraute Paula am 26. Juli 1900 ihrem Tagebuch an: *„Ich weiß, ich werde nicht sehr lange leben. Aber ist das denn traurig? Ist ein Fest schöner, weil es länger ist? Und mein Leben ist ein Fest, ein kurzes, intensives Fest.“*[8] Was wie eine frühe Todesahnung klingt, wird kaum mehr als einen Monat später von ihr relativiert: *„Und es dauert doch noch lange. Ich bin gesund und stark und lebe. Heil!“*[9] Paula hat wieder Mut gefaßt, und so dürfte der erste Eintrag wohl eher aus einer gedrückten Stimmung heraus entstanden sein.

Ebenso wird die eingangs bereits kurz erwähnte Stelle aus dem Tagebuch vom 24. Februar 1902 häufig zitiert. Paula war an diesem Wintertag auf den Weyerberg und den Friedhof gegangen. Sie hatte einen kleinen, selbstgeflochtenen Kranz dabei, den sie auf das Grab Helene Modersohns legte. Wieder zu Hause, vertraute sie ihrem Tagebuch an, wie sie sich ihre letzte Ruhestätte vorstellte: *„Ich habe manchmal an mein Grab gedacht und wie ich es mir anders denke als das andere. Es muß gar keinen Hügel haben. Es sei ein viereckig längliches Beet mit weißen Nelken umpflanzt. Darum läuft ein kleiner sanfter Kiesweg, der wieder mit Nelken eingefaßt ist, und dann kommt ein Holzgestell, still und anspruchslos, und da, um die Wucht der Rosen zu tragen, die mein Grab umgeben. Und vorne im Gitter, da sei ein kleines Tor gelassen, durch das die Menschen zu mir kommen, und hinten sei eine kleine anspruchslose* *stille Bank, auf der sich die Menschen zu mir hinsetzen. Es liegt auf unserem Worpsweder Kirchhof, an der Hecke, die an die Felder stößt, im alten Stück, nicht im Zipfel. Auf dem Grab stehen vielleicht zu meinen Häupten zwei kleine Wacholder, in der Mitte eine kleine schwarze Holztafel mit meinem Namen ohne Datum und Worte. So soll es sein. Daß da eine Schale stünde, in die man mir frische Blumen setzte, das wollte ich auch wohl.*“[10]

An dem Eintrag sind mehrere Dinge bemerkenswert, so z.B. die Distanz zu dem Grab Helenes. Paula mochte es offenbar nicht, und es fiel ihr schwer, sich mit dessen Gestaltung anzufreunden. Wichtiger aber mit Blick auf ihre Persönlichkeit ist, daß sie sich ihrer selbst und der künftigen Bedeutung ihres Werkes gewiß war – obwohl sie bis dahin als Künstlerin kaum zur Kenntnis genommen worden war. Gleichwohl erwartete sie, daß man ihre Grabstätte aufsuchen sowie mit einem Tor und einer Bank ausstatten würde.

Das Interessanteste aber ist, daß sie nicht auf Helenes Grabstelle beigesetzt werden wollte. Nicht wegen Helene, mit der sie nach allem, was man weiß, ein freundschaftliches Verhältnis verband. Nein, es war allein der Platz auf dem Friedhof, der ihr nicht gefiel. Paula drückt es zwar nur verdeckt aus, indem sie davon spricht, *„nicht im Zipfel“* ihre letzte Ruhestätte zu finden, sondern *„an der Hecke, die an die Felder stößt, im alten Stück“*. Was aber ist mit dem „Zipfel“ gemeint, und wo befindet sich die Hecke, die an die Felder stößt? Und was hat es mit dem „alten Stück“ auf sich? Kurz: Wo wollte sie beigesetzt werden?

An dieser Stelle dürften ein paar Ausführungen zur Geschichte des Friedhofs sinnvoll sein. Seit seiner Einrichtung 1759 reichte er nur bis zum ersten Querweg an der alten Friedhofskapelle. Da die Bevölkerung der Kirchengemeinde aber, zu der neben Worpswede eine

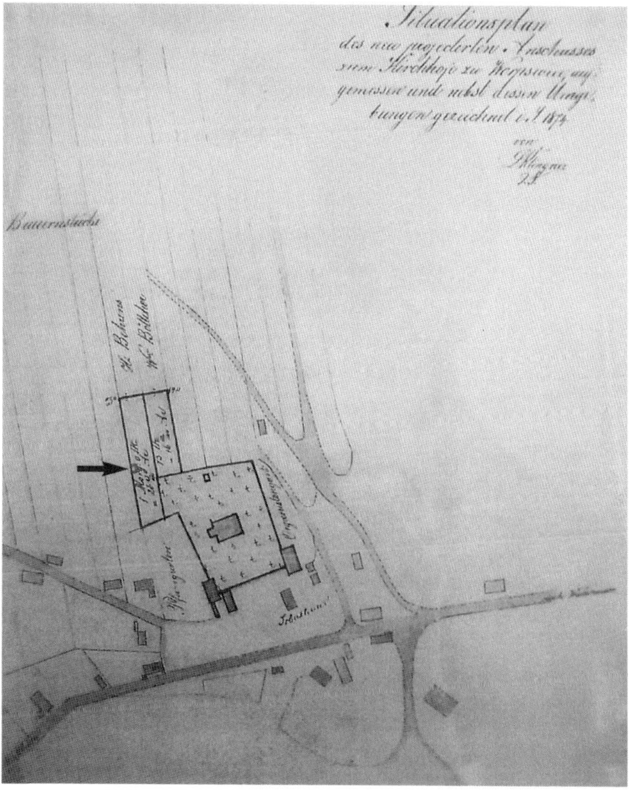

Erste größere Erweiterung des Worpsweder Friedhofs nach Südosten im Jahre 1875 – An dem vom Verfasser markierten Pfeil befindet sich das Grab von Paula Modersohn-Becker

Reihe von Moordörfern gehörte, erheblich angewachsen war, wurde eine Friedhofserweiterung immer dringlicher. Nach langem Hin und Her machte man sich 1875 endlich ans Werk. Der Friedhofsplan aus dem Jahre zuvor zeigt die damals neu erworbene Fläche. Betrachtet man ihn, erhält Paulas Wortwahl von dem „Zipfel" einen Sinn. Gegenüber dem alten Teil wirkte das neue Areal wie ein unorganisches Anhängsel. Und daran hatte sich im Jahre 1900, als Helene Modersohn beigesetzt wurde, sowie 1902, als Paula ihren Wunsch im Tagebuch vermerkte, nichts geändert. Die Grabstätte Helenes lag am Rande der neu gestalteten Fläche.

Paula aber zog den sogenannten alten Teil vor. Allerdings nicht vor, sondern hinter der Kirche. Der sich nach Süden erstreckende alte Bereich des Friedhofs war zu jener Zeit mit einer Hecke gegen die benachbarten Felder zum Weyerberg hin abgegrenzt. Ein erster größerer Abschnitt des Ackerlandes wurde erst 1916, also fast zehn Jahre nach ihrem Tode, in Friedhofsfläche umgewandelt. Nach dieser Erweiterung war der von Paula bezeichnete „Zipfel“ als solcher aufgehoben.

Es wird klar: Paula liegt im falschen Grab – oder anders ausgedrückt: Ihr Grab befindet sich an der falschen Stelle. Eine überraschende Erkenntnis, zu der man allerdings erst gelangt, wenn man die Friedhofserweiterung berücksichtigt.

Paulas Grab und dessen Gestaltung – eine fast endlose Geschichte

Der Beginn

Paula wurde drei Tage nach ihrem plötzlichen Tode neben der ersten Frau Otto Modersohns beigesetzt. Weshalb ihr Mann und der in jenen Tagen zufällig zu Besuch weilende Bruder Kurt ihr den im Tagebuch vermerkten Wunsch nicht erfüllten, läßt sich nur vermuten, kaum gänzlich aufklären. Die einfachste Deutung könnte sein, daß Paula ihr Verlangen für sich behalten hatte. Naheliegend wäre auch, daß die Aufzeichnungen Paulas – sie lagen ja immerhin mehr als fünf Jahre zurück – an jenem 20. November, bedingt durch die Umstände und den Schock des unerwarteten Todes, den nächsten Angehörigen nicht präsent waren. Mag sein, daß sie deshalb das Naheliegende, also die ohnehin seit 1900 vorhandene Grabstelle von Helene Modersohn wählten. Und nicht auszuschließen ist auch der Gedanke, daß weitergehende Überlegungen für eine gesonderte, vielleicht repräsentativere Grabstelle auch deshalb unterlassen wurden, weil Paula im Jahre 1907 so gut wie kein öffentliches Ansehen besaß. So gab Otto Modersohn ihr Ableben lediglich mit zwei kaum mehr als briefmarkengroßen Todesanzeigen bekannt. Die eine erschien am Freitag, dem 22. November 1907, in den „Bremer Nachrichten“, die andere am Samstag, dem 23. November, dem Tag der Beerdigung, in der „Weser-Zeitung“.

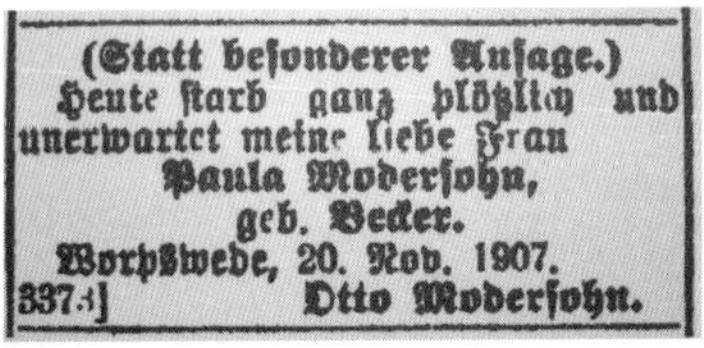
(Statt besonderer Anzeige.)
Heute starb ganz plötzlich und unerwartet meine liebe Frau
Paula Modersohn,
geb. Becker.
Worpswede, 20. Nov. 1907.
337.] Otto Modersohn.

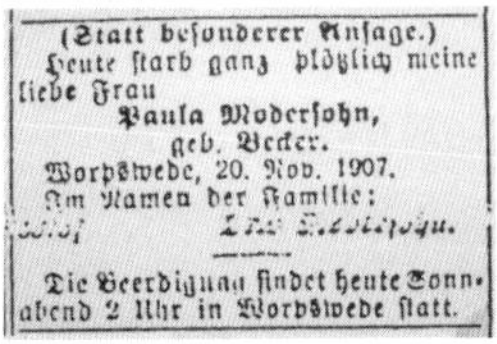
(Statt besonderer Anzeige.)
Heute starb ganz plötzlich meine liebe Frau
Paula Modersohn,
geb. Becker.
Worpswede, 20. Nov. 1907.
Im Namen der Familie:
[illegible]
Die Beerdigung findet heute Sonnabend 2 Uhr in Worpswede statt.

Todesanzeigen aus den „Bremer Nachrichten" und der „Weser-Zeitung" vom 22. bzw. 23. November 1907

Darüber hinaus findet sich keine weitere Zeitungsnotiz, geschweige denn, daß die Verstorbene gewürdigt oder mit Nachrufen geehrt worden wäre. Dem entsprach auch, wie sie kirchenintern betrachtet wurde. In das Worpsweder Begräbnisbuch trug der zuständige Pastor Jürgen Fitschen ein: *„Modersohn Paula Hermine, geborene Becker, Ehefrau des Kunstmalers Modersohn, in Worpswede. 31 J., 9 Mon., 12 Tage. Gestorben 20. Nov. 1907, beerdigt 23. Nov. 1907. Text: Offbg. 2 V. 10."*

Die Notiz im Begräbnisbuch erinnert an die Art und Weise, wie Rainer Maria Rilke, damals Sekretär bei dem berühmten Bildhauer Auguste Rodin in Paris, ihm im Jahre 1903 Paula in einem Brief als *„femme d'un peintre allemand très distingué"*, als Frau eines vortrefflichen deutschen Malers, vorstellt. Dabei wußte Rilke aus seiner Worpsweder Zeit, daß Paula selbst Malerin war. Aber sogar ein großer Geist wie Rilke hielt sich an die damalige Konvention. Danach war es wenig zeitgemäß und opportun, daß sich Frauen eigenständig als Malerinnen definieren durften. Sie waren eher auf die Funktion von Ehefrauen reduziert. Und offenbar hatte sogar Paula, sonst durchaus selbstbewußt und geradezu emanzipiert, diese Gepflogenheit in ihr Selbstbild übernommen. Als sie in Paris im Jahre 1906 z.B. Bernhard Hoetger zum ersten Male begegnete, stellte sie sich ihm als die Frau des Worpsweder Malers Otto Modersohn vor. Erst nach Wochen des Kontaktes konnte Hoetger aus einer Bemerkung von ihr schließen, daß sie selbst Malerin war.[11]

Zurück zum Platz am Rande der Friedhofserweiterung. Auf der Grabstelle, die sich Paula mit Helene Modersohn teilte, wurden im Laufe der Zeit bei weitem nicht alle, aber doch einige Wünsche der Verstorbenen erfüllt; sie machte, wie Otto Modersohn später schrieb, in den ersten Jahren den Eindruck eines stillen Blumengartens, der Tod und Leben versöhnte und sicher Paulas Wesen entsprach.[12] Das Grab schmückten wilde Rosen und Nelken. Es war, wie sich der Maler und Keramiker Friedrich Blau erinnerte, *„mit weißem Sande"* ausgelegt, und Paulas beste Freundin, Clara Rilke-Westhoff, hatte darauf *„eine Schale mit Obst gestellt, ... ein sehr schönes Stilleben, das leider aber unansehnlich wurde"*.[13] Einen Grabstein gab es nicht. Heinrich Vogeler ließ statt dessen eine kleine Holztafel, ein sogenanntes Totenbrett, mit dem eingeschnitzten Namen Paulas anfertigen. Später wurde die Tafel durch eine von ihm entworfene ovale Grabplatte aus Sandstein (s.o.) mit dem vollen Namen und den Lebensdaten ersetzt.

Bedingt durch Otto Modersohns Umzug nach Fischerhude im Jahre 1908, vielleicht aber auch schon durch ernsthaftere Planungen, ein Monument errichten zu wollen, geriet der Platz zunehmend in einen ungepflegten Zustand. Die neuen Überlegungen beruhten auf überraschenden Entwicklungen, die vor allem von vier Personen getragen waren: Otto Modersohn, Heinrich Vogeler, Rainer Maria Rilke und Bernhard Hoetger. Sie bemühten sich um eine Anerkennung Paulas als Künstlerin hohen Grades, teils miteinander, teils einzeln, jeder auf seine Weise. Es dürfte müßig sein, darüber zu befinden, wem dabei das größte Verdienst zukam.

Eine wichtige Voraussetzung war das Sichten ihres bis dahin vor der Öffentlichkeit weitgehend verborgen gehaltenen Werkes durch Heinrich Vogeler (mit Unterstüt-

Otto und Paula Modersohn in seinem zeitweiligen Atelier in der (1959 abgerissenen) Pastorenscheune unterhalb des Friedhofs

zung durch einen langjährigen Freund, den Schriftsteller Rudolf Alexander Schröder), Hoetger und selbstverständlich auch Otto Modersohn. Letzterer vermerkte im Juli 1908 in seinem Tagebuch: „*Paula wächst immer mehr, sie steht als eine der größten Malerinnen da, das wußte und ahnte ich lange … das kommt ja nun immer mehr zutage, je mehr man sie im Ganzen überschaut.*“[14]

Die Anzahl der Werke, die man im ehemaligen Atelier Otto Modersohns in der Pastorenscheune, unterhalb des Friedhofs gelegen, zusammentrug und die Reichhaltigkeit der präsentierten Ausdrucksformen veranlaßten die Genannten, in den Jahren 1908 und 1909 erste

Nachlaß- bzw. Gedächtnis-Ausstellungen im Kunst- und Kunstgewerbehaus von Franz und Philine Vogeler in Worpswede, in der Kunsthalle Bremen und schließlich 1909 bei Paul Cassirer in Berlin vorzubereiten. So rückte Paula als Künstlerin mehr und mehr in das öffentliche Bewußtsein. Zwar reagierte das Publikum, wie der Bremer Kunsthallen-Direktor Pauli feststellte, zunächst *„mit Befremden oder Abscheu"*. Doch ließen sich bereits erste Bilder verkaufen.

Wesentlich für das Bekanntwerden war auch Rainer Maria Rilkes „Requiem für eine Freundin"[15], das er am letzten Oktobertag und den beiden ersten Novembertagen des Jahres 1908 verfaßte. Es ist wohl eines seiner komplexesten Werke, zugleich *„ein Dokument seiner nachgetragenen Liebe"*[16] und der Versuch einer sehr persönlichen Würdigung der langjährigen freundschaftlichen Beziehungen zu Paula, mit der er in ihrem „Lilienatelier" während seiner Worpsweder Zeit viele tiefgehende Gespräche geführt hatte. Mag sein, daß Rilke dem *„blonden Mädchen"*, wie er die eigentlich brunette Paula wiederholt bezeichnete, mit diesem *„großen Totengespräch"*[17] ein Denkmal setzte, das sich eines Tages als dauerhafter als das steingewordene Monument Hoetgers erweisen könnte.

Einige Zeilen aus dem einfühlsamen Werk, in dem Rilke Paula zum ersten Male mit dem vertrauten Du anspricht, mögen das Gesagte verdeutlichen:

Ich habe Tote, und ich ließ sie hin
und war erstaunt, sie so getrost zu sehn,
so rasch zuhaus im Totsein, so gerecht,
so anders als ihr Ruf. Nur du, du kehrst
zurück; du streifst mich, du gehst um, du willst
an etwas stoßen, daß es klingt von dir
und dich verrät. O nimm mir nicht, was ich
langsam erlern. […]

Ich glaubte dich viel weiter. Mich verwirrts,
daß du gerade irrst und kommst, die mehr
verwandelt hat als irgend eine Frau.
Daß wir erschraken, da du starbst, nein, daß
dein starker Tod uns dunkel unterbrach,
das Bisdahin abreißend vom Seither:
das geht uns an; das einzuordnen wird
die Arbeit sein, die wir mit allem tun.

Wie schwer Rilke an dem Verlust trug, verrät nicht nur sein einjähriges Schweigen. Der Verlegergattin Katharina Kippenberg gestand er sogar, Paula sei die einzige Tote, die ihn beschwere.[18]

Auch Hoetger war tief bewegt vom frühzeitigen Tod der jungen Frau. Paula hatte ihn nach der Pariser Zeit noch einmal, als sie bereits schwanger war, in seinem westfälischen Domizil Schloß Holthausen bei Büren aufgesucht. Neben Otto Modersohn gehörte er zu den wenigen Menschen überhaupt, die das künstlerische Potential Paulas noch zu ihren Lebzeiten erkannten. Mehr noch, Hoetger legte sogar auf die Feststellung wert, daß er es gewesen sei, der sie gewissermaßen entdeckt hätte.

Es ist gut möglich, daß schon bei Hoetgers Besuch in Worpswede im Mai 1908 erste Pläne entstanden, Paulas Grabstätte mit einem Denkmal auszustatten, um auf diese Weise eine öffentliche Dankesschuld an die im Leben verkannte Künstlerin abzutragen. Hoetgers Honorar sollte, so war es wohl mit der Familie Becker wie auch mit Otto Modersohn vereinbart worden, aus einer Anzahl von Paulas Bildern bestehen, die zunehmend an Wert gewannen. Daß mit der unklar getroffenen Absprache der Grund für spätere Zwistigkeiten gelegt wurde, aus denen sogar persönliche Feindschaften erwuchsen, sei später ausführlich belegt und beschrieben.

Welche Begebenheiten und Legenden sich um das Denkmal und seine Symbolik ranken sollten, läßt sich

Rainer Maria Rilke (1875-1926), einer der engsten Freunde von Paula, mit seiner Frau Clara Rilke-Westhoff

als eine nahezu endlose und reichlich verworrene Geschichte kennzeichnen. Entsprechend divergent sind bereits die in der Literatur gemachten Angaben über die Entstehung und Errichtung des Grabmonuments. Sie schwanken zwischen 1910[19] und den 1920er Jahren[20]. Aber weder die eine noch die andere Behauptung ist zutreffend.

Weitergehende Planungen und erste Probleme

Hoetgers erste Idee war wohl, für das Grabmal ein Relief, betitelt „Dreiklang“, zu nutzen, das er im Jahre 1907 vermutlich unter dem Eindruck der Todesnachricht als Gipsmodell entworfen hatte. Es zeigt drei (unbekleidete) weibliche Figuren und symbolisiert den Kreislauf von Werden, Sein und Vergehen. Eine dem Betrachter zugewandte kniende Mittelfigur ist von zwei hockenden Figuren flankiert.

„Werden, Sein und Vergehen“ – 1907 von Bernhard Hoetger entworfenes Gipsmodell

„Komposition mit drei weiblichen Halbakten" von Paula Modersohn-Becker, 1906/07

Ob Hoetger dabei auf die Gestaltungsform eines der (leider verschollenen) Bilder Paulas, nämlich die 1906/1907 entstandene *„Komposition mit drei weiblichen Halbakten"*[21], zurückgriff, ist zwar bislang noch nicht erwogen worden, gänzlich ausschließen läßt sich ein solcher Zusammenhang indes nicht, weist das *„geheimnisvoll-rätselhafte Kultbild"*[22] doch im Gestus der Figuren – unverkennbar Paula in der Mitte, wahrscheinlich die Freundin Clara Rilke-Westhoff an der einen und Paulas Cousine Maidli Parizot an der anderen Seite – eine große Nähe zum Gipsmodell Hoetgers auf.

Allerdings wollte man vor allem in Abstimmung mit Otto Modersohn vermeiden, den beschaulichen Charakter der Grabstelle völlig zu zerstören, denn, so schrieb Hoetger im Jahre 1908 an Otto Modersohn: *„Die Tafel und die Nelken sollen ja bestehen, die muß sie haben.“*[23]

Weshalb trotz des ersten Anlaufes über Jahre hinweg nichts Weiteres geschah, bleibt spekulativ. Mag sein, daß Otto Modersohns Übersiedlung nach Fischerhude und die neue Beziehung zu Louise Breling, schließlich deren Heirat im Jahre 1909 eine äußere wie innere Distanz zu Worpswede schufen. Und da er das Bemühen um eine neue Grabgestaltung ohnehin nicht mit besonderem Engagement begleitete, weil er sie im Sinne seiner verstorbenen Frau für unangemessen hielt, kam das Vorhaben zunächst nicht über die gute Absicht hinaus.

Erst das Jahr 1910 brachte Bewegung in das Unternehmen. Daran beteiligt waren sowohl die Mutter und Geschwister Paulas als auch Otto Modersohn, der sich dem Drängen der Familie nicht mehr entziehen wollte, nicht zuletzt aber Heinrich Vogeler, der sich zwar im Konflikt mit *„Mutter Becker“* befand, die sich seinen Gefühlen gegenüber *„völlig verständnislos“* zeigte, wie er sich in einem Brief vom 14. August 1910 an Otto Modersohn beklagt.[24] Trotzdem wollte er *„natürlich für die Errichtung auf dem Kirchhof jetzt voll und ganz ein(treten) und zwar mit nachdrücklicher Energie“*.[25]

Aber es ging dennoch nicht wirklich voran. Erst ein Jahr später, genau am 3. August 1911, unternahm Otto Modersohn einen weiteren Versuch. In einem Brief an den Worpsweder Pastor Jürgen Fitschen verwies er auf die kurze Zeit zurückliegenden Bemühungen seiner früheren Schwiegermutter Becker und bat um eine Ent-

Paulas Mutter Mathilde Becker (1852-1926)

scheidung.[26] In den Brief eingefügt waren eine kleine Skizze, ungefähre Maßangaben zur Höhe und Breite des Denkmals und der Hinweis, daß ihm das vorgesehene Werk, *„ein sehr ernstes künstlerisches Werk meines Freundes Prof. Hoetger in Darmstadt"*, im Modell seit längerem bekannt wäre. Alle Informationen beziehen sich eindeutig auf das o.a. Gipsmodell, das nun endlich zur Ausführung gelangen sollte.

An dieser Stelle entsteht für die Forschung ein Problem, denn genau aus dieser Zeit existiert ein Entwurf für das Denkmal und die gesamte Grabgestaltung mit Wacholdern, einem schlichten Namensschild „Paula"

Heinrich Vogeler (1872-1942), neben Paula Modersohn-Becker der berühmteste Worpsweder Künstler der ersten Generation

und einer Einfriedung. Zwar zeigt die Zeichnung die drei Frauenfiguren des Hoetgerschen Gipsmodells, indes scheint das schmückende Beiwerk – die Abdeckung des Denkmals, die Verzierungen des Sockels und die im Vordergrund geplante Vase – nicht der „Handschrift" Hoetgers zu entsprechen. Zudem befindet sich auf der Rückseite der Skizze der handschriftliche Vermerk Heinrich Vogelers „*LOM* [= Abkürzung für Lieber Otto Modersohn] *Habe Dir einige Copien machen lassen HV*“ [= Abkürzung für Heinrich Vogeler].

Aufgrund dieses Sachverhaltes wird der Entwurf zuweilen, wie z.B. von David Erlay,[27] Heinrich Vogeler zugeschrieben. Schütze hingegen meldet Zweifel an und meint, daß mit dem Vermerk der Zeichner noch nicht feststünde. Seine Begründung: „*Vogeler hatte – wenn sich der rückseitige Text überhaupt auf die Zeichnung bezieht – die Kopien wahrscheinlich anfertigen lassen, um sie zur Genehmigung* [an den Kirchenvorstand] *einzusenden. Durch sein Architekturbüro war Vogeler mit derartigen Arbeiten vertrauter als Otto Modersohn.*“[28]

Ob Heinrich Vogeler überhaupt an einem eigenständigen Plan arbeitete, läßt sich nicht mit letzter Sicherheit klären. Boulboullé/Zeiss[29] teilen zwar mit, daß es einen Entwurf Vogelers mit drei leichtbekleideten

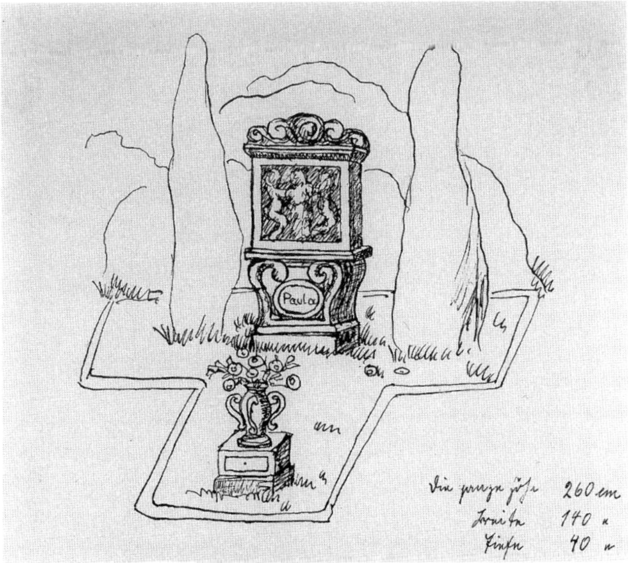

Heinrich Vogeler zugeschriebener Gestaltungsentwurf für Paulas Grabstätte aus dem Jahre 1911

Engeln gegeben habe. Ob die beiden Autoren dabei allerdings den o.a. ersten Entwurf Hoetgers versehentlich Vogeler zuschreiben, muß hier offen bleiben, denn Quellennachweise legen sie nicht vor. Wahrscheinlicher ist, daß Vogeler Otto Modersohn und Bernhard Hoetger beratend und helfend zur Seite stand – vielleicht mit einem Konzept, das die Vorstellungen Hoetgers und die Wünsche Paulas in Einklang bringen sollte.

Was sich auch immer tatsächlich ereignet haben und wer auch immer daran beteiligt gewesen sein mag, eines ist sicher: Der Worpsweder Kirchenvorstand, an seiner Spitze besagter Pastor Fitschen, kam am 6. August 1911 zu der folgenden, im Protokollbuch des Kirchenvorstandes festgehaltenen Entscheidung[30]: „*Der Vorsitzende legte nochmals die Zeichnung und den Antrag über Errichtung eines Denkmals für die verstorbene, auf unserm Kirchhof beerdigten* [sic!] *Frau Modersohn geb. Becker, vor. Der Kirchenvorstand lehnt den Antrag ab, weil die Gemeinde an dem Denkmal Anstoß nehmen würde. Pastor Fitschen (sowie die weiteren 6 Mitglieder). Nota erl. an Herrn Modersohn, Fischerhude.*“

Rechtliche Basis für diese Ablehnung war die Friedhofsordnung von 1890. Sie legte im § 13 fest: „*Die Einfriedigung der Gräber und die Errichtung von Denkmälern dürfen nur nach zuvor in jedem einzelnen Falle eingeholter Erlaubnis des Kirchenvorstandes erfolgen.*“ Friedhofsordnungen mit derartigen Fixierungen gab es im 19. Jahrhundert allerorten. Man nutzte sie als Handhabe gegen den vermeintlichen Kulturverfall der Grabmalskunst.[31]

Wahrscheinlich bedingt durch äußere Umstände – Tod des Worpsweder Pastors Fitschen im Juni 1913, Neubesetzung der Pfarrstelle erst 1914, Beginn des Ersten Weltkrieges 1914 – unterblieben nach dem Bescheid vom 6. August 1911 erneut über Jahre hinweg weitere Anstrengungen. Die Grabstätte schien in einen Dorn-

Jürgen Fitschen, 1892-1913 Pastor an der Zionskirche in Worpswede

röschenschlaf gefallen zu sein. In diesem Sinne hielt die Schriftstellerin Maria Benemann in ihren Erinnerungen im August 1913 fest: *„Eben kommen wir von Paula Modersohns Grab, das wir auf meine Anregung gesucht haben. Kein Mensch kannte es. Es ist sehr stimmungsvoll, ein einfacher runder Sandstein, das Ganze mit wilden Rosen umrankt.“*[32]

Erst Mitte 1915 kommt Bewegung in die Sache um das Grab. Sie ist geprägt von energischen Aktivitäten sowie von fordernden und drohenden Schreiben von seiten des Bruders von Paula, Kurt Becker-Glauch aus Bremen.

Er fühlte sich gedrängt, tätig zu werden, weil er – wie er in einem Schreiben vom 21. Juli 1915 bekennt – allmählich in Verdacht gerate, „*eine Sache lässig zu betreiben, die mir in Wirklichkeit nahe am Herzen liegt.*“[33] Sein Adressat ist der seit 1914 in Worpswede tätige Pastor Röhrbein. Die Dringlichkeit war keineswegs vor-

Kurt Becker-Glauch (1873-1948), der älteste Bruder Paulas

Alfred Harry Renwig Röhrbein, 1914-1921 Pastor an der Zionskirche in Worpswede

getäuscht und daran geknüpft, daß Hoetger ohne Abklärung mit dem Kirchenvorstand und im Vertrauen auf dessen Genehmigung ein neues Modell für das Denkmal entworfen und die Ausführung bereits angefertigt hatte. Selbst die Anlieferung nach Bremen durch eine Spedition, auf deren Lagerhof sich das verpackte Monument seit April 1915 befand, war schon erfolgt. Der Spediteur drängte seinerseits, das Objekt endlich nach Worpswede bringen zu können.

Die Familie Becker war sich ihrer Sache, diesmal keine Ablehnung zu erhalten, deshalb so sicher, weil es sich um die verkleinerte Replik einer aus Gußstein gefertigten Skulptur handelte, die Hoetger 1914 in Darmstadt im Platanenhain auf der Mathildenhöhe hatte aufstellen lassen und die seitdem mit großer Anerkennung bedacht worden war.

So hieß es z.B. in der renommierten Halbmonatsschrift für die Interessen des Kunstforschers und Sammlers „Der Cicerone“: „*Die Gruppe der sterbenden Mutter drückt geradezu erschütternd das ewige Gesetz des Menschendaseins vom Werden und Vergehen aus. Eine junge Frau sinkt sterbend zurück, während sie das Kind auf ihrem Schoß gerade vor sich in das Leben weist. Der Körper der sterbenden Mutter ist von klassischer, antiker Schönheit. Wundervoll ist es, wie der linke Arm die zurücksinkende Figur stützt. Man fühlt wie dieses einzige tragende Glied im architektonischen Aufbau der Gestalt im nächsten Augenblick zusammenbrechen muß unter der Last der sich senkenden horizontal auflagernden Massen. Hier in den Linien des linken Armes ist noch die letzte Lebenskraft fühlbar, ein letzter schwacher Versuch der Gegenwehr gegen den sich nahenden Tod. Diese Sterbende sieht mit weit aufgerissenen Augen den Tod über sich, ihr Haupt biegt sich zurück, schon sagt ihr ganzes Wesen 'ja', der ruhig hingegossene Leib hat sich seinem Schicksal ergeben, in Würde und Schönheit zu sterben. Der Oberkörper der Figur ist nackt und gehört mit zu dem Schönsten, was in den letzten Jahren an figuraler Plastik geschaffen worden ist. Die Ruhe, das Ebenmaß der Glieder geben diesem sterbenden Leib einen Anflug klassischen Adels.*“[34]

Die Darstellung seines Werkes „Werden und Vergehen“, in der Literatur auch als „Sterbende Mutter mit

„Werden und Vergehen" – Bernhard Hoetgers 1914 im Darmstädter Platanenhain aufgestellte Skulptur mit dem Löwensockel

Kind" oder „Sterbende Mutter" bezeichnet,[35] beschreibt Hoetger selbst[36] wie folgt: *„Der Körper einer im Liegen aufgerichteten, aber schon wieder matt zurücksinkenden Frau, trägt in der Mitte, aus der alles Leben geboren wird, ein in sich versunkenes Kind. Ein erschütterndes, Form gewordenes Dokument des frühen Todes der jungen Malerin, deren 'Lebensflamme im ewigen Meer' ertrank, indem sie ein anderes Licht anzündete."* Aus dieser Interpretation, von Hoetger 1920 verfaßt, leitet man ab, daß er die Figurengruppe ursprünglich – vielleicht als Reaktion auf die Ablehnung der ersten – für Paulas Grab konzipierte und sie nur zwischenzeitlich für Darmstadt nutzte, weil sich die Aufstellung in Worpswede verzögerte. Entstanden – zunächst in Ton gefertigt, dann von Stukkateuren in Gips gegossen – war das Werk 1913 in Fischerhude, dem damaligen Wohn- und Arbeitsort Hoetgers. Die junge Olga Breling aus dem kleinen Dorf

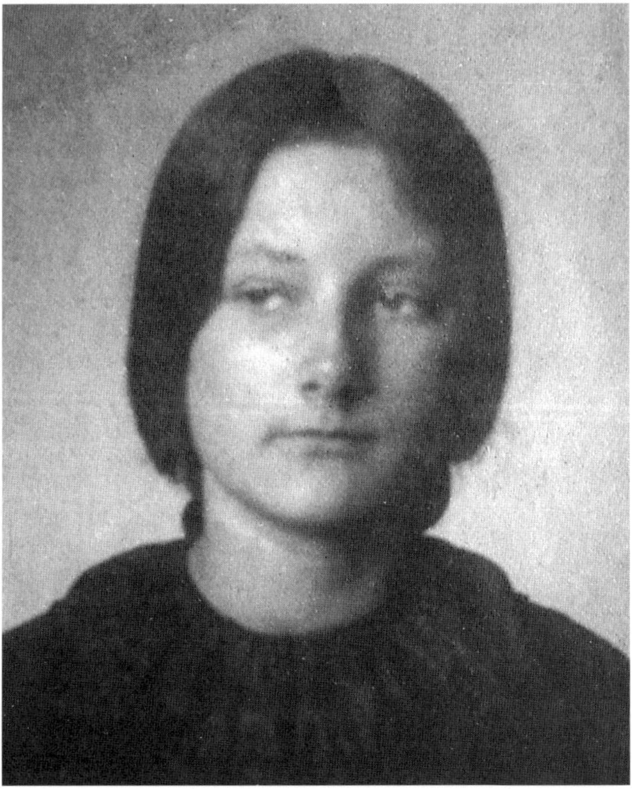

Olga Bontjes van Beek (1896-1995), Modell für Hoetgers Frauengestalt des Grabmonuments

an der Wümme, Tochter des Malers Heinrich Breling, hatte dem Künstler für die dargestellte Frauenfigur 1911 als Fünfzehnjährige Modell gestanden. Sie sei – berichtete Olga später[37] – mächtig stolz darauf gewesen, daß sie für das Denkmal der berühmten Malerin Modell sein durfte. Es war übrigens nicht das einzige Mal, daß die spätere Olga Bontjes van Beek Hoetger bei der Arbeit half. Viele seiner Frauenplastiken, u.a. solche innerhalb des Majolikenzyklus' der „Licht- und Schattenseiten", erinnern an sie.

„Hoffnung"– Plastik Bernhard Hoetgers aus dem Zyklus der Licht- und Schattenseiten

Als sich jedoch für das Monument in Worpswede keine Perspektive bot, plante man, eine Replik (möglicherweise die für Worpswede gedachte?) in den Bremer Wallanlagen aufzustellen. Angeregt von Hoetger selbst und unterstützt von den Direktoren der Kunsthallen in Hamburg und Bremen, Professor Dr. Pauli und Dr. Waldmann, war ein entsprechender Planungs- und Prüfauftrag an den Bremer Senat ergangen.[38] Indes, zu einer Entscheidung kam es nicht. Unklar ist auch, inwieweit die Familien selbst involviert gewesen sind bzw. unterrichtet waren.

Deshalb zurück zum Anliegen der Familie Becker in Worpswede: Obwohl – wie Paulas Bruder Kurt am 2. August 1915 schreibt – eigentlich *„kein vernünftiger Mensch vermuten konnte, daß seine Zulassung auf neue Schwierigkeiten stoßen würde"*[39] –, lehnten der Pastor und die übrigen Mitglieder des Kirchenvorstands ab. Ihre Begründung war im Schreiben vom 3. August 1915 in drei Punkten zusammengefaßt:

„*1.) erschien ihm* [dem Kirchenvorstand] *das Grabdenkmal zu realistisch und geeignet, der Gemeinde zum Anstoß zu gereichen;*
2.) fehlte ihm auf dem Denkmal jedes christliche Symbol;
3.) fürchtete der Kirchenvorstand, daß das Grabdenkmal, falls es aufgestellt würde, ein starker Anziehungspunkt für die Worpswede zahlreich besuchenden Fremden werden könne, wobei die Gefahr besteht, daß dadurch gottesdienstliche Handlungen gestört und der Friedhof profaniert wird.“[40]

Bekanntermaßen verfügte der Worpsweder Maler Fritz Mackensen schon seit Pastor Fitschens Zeiten über gute Kontakte zum Kirchenvorstand. Das wußte offenbar auch Paulas Bruder. Er wandte sich deshalb an Mackensen, um ihn als Vermittler zu gewinnen – und tatsächlich schaltete sich der Künstler ein, führte Einzelgespräche mit den Mitgliedern des Kirchenvorstandes und hob dabei hervor, daß die gesamte Künstlerschaft Worpswedes großes Interesse an Hoetgers Werk habe. Zudem könne das Denkmal dem Friedhof nur zur Zierde gereichen. Die besonders Sittenstrengen und Tugendsamen unter den Kirchenvorständlern suchte er mit dem Hinweis zu beschwichtigen, daß „*die Figur der Mutter auf dem Grabdenkmal zum größten Teil verhüllt sei (nur ein Teil des Oberkörpers ist unverhüllt).*“[41]

Mackensen gelang es, einige umzustimmen, andere in ihrer Meinung schwankend zu machen. Insgesamt aber hatten die Mitglieder des Kirchenvorstandes wohl immer noch Angst vor der eigenen Courage, unterbreiteten die Sachlage deshalb vorsichtshalber der Kirchenbehörde, d.h. dem Superintendenten und dem Landrat, um ihnen die letzte Entscheidung zu überlassen. Um den Druck zu verstärken, reiste Kurt Becker-Glauch zwischenzeitlich nach Hannover zum Königlichen Konsisto-

Fritz Mackensen (1866-1953), Gründer der Worpsweder Malerkolonie

rium, blieb allerdings in der Sache trotz einer offiziellen Beschwerde erfolglos. Immerhin aber kam es wenigstens zu inhaltlichen und terminlichen Abstimmungen zwischen dem Landrat und dem Superintendenten. Schließlich besichtigten die beiden das umstrittene Werk auf dem Lagerhof der Spedition in Bremen. Am 23. September 1915 teilten sie dem Worpsweder Kirchenvorstand mit, daß sie zwar eine bindende Entscheidung aus grundsätzlichen rechtlichen Erwägungen ablehnen müßten; sie würden jedoch keinen Anlaß sehen, *„gegen die*

Aufstellung des Denkmals Bedenken irgend welcher Art zu erheben oder dem Kirchenvorstand auch nur von seiner Aufstellung abzuraten."[42]

Am 28. Oktober 1915 stimmte der Kirchenvorstand der Aufstellung des Denkmals zu und teilte der oberen Kirchenbehörde die Entscheidung mit. Zuvor hatte Kurt Becker-Glauch von dem Beschluß erfahren; allerdings verband der Kirchenvorstand mit seiner Genehmigung ausdrücklich die Bedingung, „*daß eine etwaige an dem Grabdenkmal anzubringende Inschrift ihm vorher zur Begutachtung vorgelegt wird.*"[43] Da der Abstimmungsprozeß über den Text aufgrund einer vorübergehenden Abwesenheit von Mutter und Bruder aus Bremen aber seine Zeit beanspruchte, war eine Errichtung des Monuments vor der Frostperiode, wie von der Familie Becker gewünscht, nicht mehr möglich.

Wie aber verhielt sich der Ehemann der Verstorbenen, nämlich Otto Modersohn, zu diesem Gezerre? Offensichtlich hatte er sein Einverständnis gegeben, daß Paulas Bruder, Arzt von Beruf, sich der Sache annahm und sie durchfocht. Er selbst war hin- und hergerissen. Auf der einen Seite stand er Hoetger gegenüber im Wort. Andererseits bekannte er später im Rückblick mit schlechtem Gewissen: „*Ich hätte meiner Frau viel lieber das schlichte, heiter sonnige Grab gelassen, das sie sich selbst gewünscht und genau beschrieben. Den Wunsch eines Toten sollte man erfüllen.*"[44]

Otto Modersohn, seit 1909 mit Louise Breling verheiratet, einer älteren Schwester der oben erwähnten Olga, lebte zwischen Oktober 1915 und Mai 1917 wieder in Worpswede. Möglicherweise hat sein Aufenthalt vor Ort dazu beigetragen, daß – wie er sich in dem bereits mehrfach erwähnten Brief an Hoetger vom 10. August 1919 erinnert[45] – das Denkmal im Sommer 1916 endlich aufgestellt wurde. Allerdings war es unvollständig.

Der mächtige Sockel aus Kalksandsteinen besaß noch nicht die Ummantelung aus den Klinkersteinen. Auch fehlte die Sandsteinplatte im Sockel mit dem darin eingemeißelten Text. Die Familien Modersohn und Becker, der Kirchenvorstand und nicht zuletzt Hoetger als ausführender Künstler einigten sich schließlich auf den Trauspruch von Otto und Paula Modersohn.

Bei genauer Betrachtung fällt aber noch mehr auf: Was war eigentlich mit dem in Darmstadt noch dazu gehörenden Löwensockel geschehen? Bei dem Worpsweder Grabmal sollte es sich doch um eine Replik des Denkmals aus dem Platanenhain handeln – und das war nun einmal mit fünf Löwen ausgestattet, auf denen die Platte mit den Mutter-Kind-Figuren ruht. In diesem Zusammenhang gewinnen zwei Briefe an Bedeutung. Da ist die Beschwerde von Kurt Becker-Glauch vom 2. August 1915 an den Worpsweder Kirchenvorstand.[46] In dem Brief widerspricht er der ihm am 3. August offiziell mitgeteilten Entscheidung des Kirchenvorstandes und der Begründung, daß dem Denkmal ein christliches Symbol fehle, mit dem ausdrücklichen Hinweis darauf, daß *„die romanischen Löwen ..., die das Ganze tragen“*, seiner Meinung nach eine Darstellungsform seien, *„die in der christlichen Archäologie & Symbolik häufig verwandt“* würde. Bemerkenswert ist: Zu dieser Zeit lagerte das Denkmal bereits auf dem Hof des Bremer Spediteurs. Und da er es dort mehrmals in Augenschein genommen hatte, ist mit Sicherheit davon auszugehen, daß es noch aus der Mutter-Kind-Darstellung <u>und</u> den fünf Löwen bestand. Wie zur Bekräftigung dieses Sachverhalts moniert auch Otto Modersohn in dem bereits zitierten Brief an Bernhard Hoetger vom 10. August 1919 mit Blick auf das Jahr 1916, daß bei der Aufstellung des Denkmals in Worpswede *„die tragenden Löwen … fehlten“*. Demnach waren also beide, Kurt Becker-Glauch und Otto Modersohn, davon ausgegangen, daß der Löwensockel der Darmstädter Ausführung Bestandteil des Grabmals sein würde. Weshalb aber sind die Löwen auf dem Worpsweder Friedhof nicht zu finden? Wie läßt sich dieser merkwürdige Sachverhalt aufklären?

Bei allem Nachdenken über den Verbleib der Löwen war eines von Anfang an klar: Hoetger – soviel war über ihn bekannt – hat die in Bremen zwischengelagerten Löwen mit Sicherheit nicht ungenutzt zurückgelassen. Wo aber befanden sie sich? Die Suche in der Hansestadt blieb ergebnislos. Auskünfte von verschiedenen Nachfahren der Familie Becker in Deutschland und im Ausland führten ebenfalls nicht weiter. Selbst Kenner der Materie konnten sich keinen Reim darauf machen. Eigentlich war der „Fehlbestand“ bis dahin noch niemandem aufgefallen.

Ein glücklicher Zufall brachte schließlich Licht in das Dunkel. Archivalien in der Kunstsammlung Böttcherstraße in Bremen und deren Direktor Dr. Rainer Stamm, der eine Vielfalt an Unterlagen aus dem Nachlaß von Bernhard Hoetger offerierte, halfen, die wohl entscheidende Entdeckung zu machen: Mindestens vier der fünf Löwen waren in Worpswede gelandet. Allerdings nicht auf dem Friedhof, sondern in der Gartenanlage des ersten Privathauses in Worpswede, das Hoetger sich ab 1915 baute, den sogenannten Brunnenhof an der Ostendorfer Straße (in etwa gegenüber dem Barkenhoff).

Fotos aus dem aufwendig gestalteten Gartenpark, der wohl 1916/17 angelegt worden ist, zeigen einen Brunnen. Seine vier Ecken zieren Löwen. Ein Vergleich mit den Exemplaren aus dem Platanenhain in Darmstadt bestätigt, daß es sich um Repliken handelt.

Dem Brunnenhof war leider eine recht wechselvolle Geschichte beschieden. Hoetger veräußerte ihn schon

„Brunnenhof", erstes Privathaus Hoetgers in Worpswede, von der Parkseite aus gesehen

bald, und im Mai 1923 ließ ein verheerender Brand nur Teile des Bauwerkes übrig. In den folgenden Jahren und Jahrzehnten bekam auch das Park- bzw. Gartengelände ein völlig verändertes Aussehen. Besitzerwechsel und verschiedene Nutzungen waren dafür verantwortlich. Längst erfreuen die ehemals im Gelände des Brunnenhofs untergebrachten Skulpturen – so der „Bonze des Humors" oder „Die Wut" – inzwischen die Besucher des Hoetgergeländes an der Großen Kunstschau.

Was aber ist aus dem Löwenbrunnen geworden? Nun, er ist in den 1970er Jahren wie die gesamte Parkanlage einer Planierraupe zum Opfer gefallen. Allerdings war das Brunnenbecken bis zum Frühjahr 2004 noch durch eine leichte Vertiefung in der Rasenfläche auszumachen. Seither bemüht sich der neue Eigentümer, die Bremer Heimstiftung, den Garten des heutigen Diedrichshofs nach dem Hoetgerschen Vorbild zu rekonstruieren.

Blick in den weitläufigen Park des Brunnenhofs mit dem 1916/17 erbauten Löwenbrunnen

Die ursprünglich gehegte Hoffnung, beim Freilegen der ehemaligen Brunnenanlage die vier Löwen zu finden, erfüllte sich nicht. Um so mehr konzentrierte sich die Suche auf den fünften Löwen. Aber wo konnte er sein? Irgendwo im Diedrichshof? Fehlanzeige!

Erneut stand das Glück oder der Zufall Pate: Ein Worpsweder Mitbürger erinnerte sich an einen Löwen, auf den die Beschreibung paßte und den er in Worpswede gesehen hatte. Und in der Tat bestand an seiner Identität kein Zweifel – auch wenn die ursprünglich abgeflachte Schädeldecke inzwischen eine angegraute Haarpracht zierte. Sein Besitzer erzählte, daß der Löwe bis in die 1970er Jahre im Park des ehemaligen Brunnenhofs als Sockel eines steinernen Gartentisches gedient habe. Der inzwischen verstorbene Vater des jetzigen Eigentümers, zu Lebzeiten dort Hausmeister, hätte ihn als Dank für seine Hilfe beim Abtransport der übrigen vier aus der Brunnenanlage erhalten.

Fortan konzentrierten sich die Nachforschungen auf die vier aus dem Löwenbrunnen. Die Spur schien nach Bremen bzw. ins Bremer Umland zu führen. Nach vielen Telefonaten erhärtete sich zwar dieser Verdacht, ein greifbares Ergebnis wollte sich aber nicht einstellen. Hinweise aufgrund eines Zeitungsartikels, illustriert mit einem Foto des bereits wiedergefundenen Löwen, führten nach Bremen-Nord. Dort hatten zwei der vier seit Ende der 1970er Jahre – zunächst eingehüllt in Planen, dann angebunden an Pfosten eines Carports sowie schließlich für Jahre in einer Garage – ein sehr zurückgezogenes und wenig beachtetes Dasein gefristet. Keiner wußte etwas mit ihnen anzufangen. Niemand kannte ihre kulturhistorische Bedeutung. Inzwischen sind sie

Einer der wiedergefundenen Löwen aus dem Brunnenhof-Park

Rekonstruierter Löwenbrunnen im Park des früheren Brunnen- und heutigen Diedrichshofs mit Repliken der wiedergefundenen Löwen

wieder in ihrer Worpsweder Heimat, im Diedrichshof. Für den Löwenbrunnen werden sie aber dort nicht mehr gebraucht. Der ist mittlerweile rekonstruiert worden – mit Hilfe von Repliken des in Worpswede vorher schon wiedergefundenen Löwen. Der Brunnen steht jetzt erneut inmitten einer sehenswerten Parkanlage. Schade nur, daß die noch verschollenen zwei Löwen bislang nicht „eingefangen" worden sind. Auch sie hätten es wohl verdient, ihr „Gnadenbrot" auf dem Diedrichshof zu bekommen.

Nach dieser geradezu irrwitzigen Geschichte zurück zu Paulas Grabmal. 1916 hatte man mit der Aufstellung begonnen, freilich mit dem sarkophagähnlichen Sockel und ohne die eigentlich vorgesehenen Löwen. Doch wann war es endlich fertig? Eigentlich dürften das Aufmauern des Sockels aus den Kalksandsteinen und die Aufbringung der Figurengruppe mit der Platte kein besonders zeitaufwendiges Unterfangen gewesen sein. Man mag es kaum glauben, aber die Fertigstellung erfolgte erst im Sommer 1919 – wie man es aus dem o.a. Schreiben Otto Modersohns an Hoetger und genauer noch aus einem Briefentwurf Kurt Becker-Glauchs an Hoetger erfährt.[47]

Von der Planung des Grabmals bis zur Ausführung waren elf Jahre (!) ins Land gegangen. Vom Beginn der Arbeit nach dem zweiten Entwurf bis zur Vollendung waren es immerhin drei Jahre: 1916 bis 1919. Viel Bürokratie, Anstrengung und Verärgerung lagen dazwischen – Sinnlosigkeiten, wie leider häufig hierzulande, früher wie heutzutage. So fragte sich auch Kurt Becker-Glauch in seinem o.a. Brief an Hoetger, *„weshalb es so viele Jahre hat dauern müssen."* Er fand keine Antwort – und sie dürfte sicher schwer zu finden sein. Ein Grund mehr, nach ihr zu suchen, wobei auch danach zu fragen ist, warum Hoetger das Grabmal veränderte und die Löwen für private Zwecke nutzte.

Tiefere Gründe für die Verzögerungen und Veränderungen

Zunächst zu den Verzögerungen: Es ist naheliegend, in erster Linie den Worpsweder Kirchenvorstand verantwortlich zu machen. Aber selbst wenn man ihm über die Jahre in seinen wechselnden personellen Besetzungen ein gewisses Maß an Prüderie, Borniertheit oder mangelndem Kunstverstand anlastet, dürfte ein solches Urteil doch sehr einseitig sein. Es entspräche wohl mehr der heutigen Perspektive und unseren Moral- und Bewertungsmaßstäben. Berücksichtigt man aber die Zeitumstände des noch existenten Kaiserreichs, so stellen sich die Abläufe und Entscheidungen im Kirchenvorstand in einem anderen Licht dar. Teilentblößte Körper, zumal von Frauen, auch in Stein gehauen, galten als anstößig. Hinzu kam der besonders sensible Ort eines Friedhofs. Insofern stellte die vorgesehene Grabgestaltung einen deutlichen Bruch mit den überkommenen Traditionen in einer ländlich strukturierten Region dar. Künstlerdorf hin, Künstlerdorf her.

Im übrigen saßen in der entscheidenden Phase im Kirchenvorstand neben dem ängstlichen und unerfahrenen Pastor Röhrbein ausnahmslos Vertreter der bäuerlichen Bevölkerung, kein einziger Künstler. Sollte man jenen ihre konservative Prägung vorwerfen? Und so einvernehmlich, wie man es zuweilen ein wenig verklärt interpretiert, war das Verhältnis der verschiedenen Gruppen, hie die Bauern, Geschäftsleute und Handwerker, dort die Künstler keineswegs. Da bildete Paula keine Ausnahme. Sie war zu Lebzeiten, selbst nach eigenem Bekunden, wenig eingebunden in das dörfliche Leben. Zudem hatte sie die Menschen des Dorfes, so wenigstens die verbreitete Meinung und die Sicht vieler, in einer unpassenden, vergröbernden Form gemalt. So schnell konnte und wollte man ihr das nicht nachsehen. Großes Ansehen besaß sie damals in der Dorfbevölkerung nicht gerade.

Offenbar waren die Gründe für die Verzögerungen vielschichtiger. Vor allem aber sollten die übrigen Akteure, nämlich der Ehemann Otto Modersohn, der Bruder Kurt Becker-Glauch und die übrige Familie Becker, nicht zuletzt der ausführende Künstler Bernhard Hoetger dabei nicht ausgenommen werden. Auch sie trugen ihren je spezifischen Teil zu den Verzögerungen (und Veränderungen) bei.

Auf seiten Otto Modersohns dominierte zunächst das Bedauern und die Reue darüber, sich auf die Umgestaltung des Grabes überhaupt eingelassen zu haben, wo doch das frühere schlichte Grab Paulas Wesen entsprochen hätte. Er fügte sich, so seine Entlastung, um keine Unstimmigkeiten mit Hoetger, bei dem er sich im Wort fühlte, und der Familie Becker, die das repräsentative Grabmal unbedingt wollte, heraufzubeschwören. Mit anderen Worten: Als Motor war er wenig dienlich, innerlich zu sehr hin- und hergerissen, im Agieren viel zu zögerlich.

Die Mitglieder der Familie Becker, allen voran, von seinen Geschwistern wie der Mutter gleichermaßen gedrängt, Kurt Becker-Glauch, engagierten sich von Anfang an mit großem Aufwand für das Grabprojekt. Sie meinten, es der geliebten Schwester bzw. Tochter schuldig zu sein, und das um so mehr, wie jene an öffentlicher Aufmerksamkeit und Anerkennung gewann – was zunächst weniger auf ihre Bilder, sondern auf die veröffentlichten Briefe und Tagebücher zurückzuführen war.

In dieser diffus-zögernden bzw. energisch-drängenden

Lage gewannen die Person Hoetgers und sein Verhalten an Bedeutung. In den Mittelpunkt der brieflich geführten Auseinandersetzungen zwischen Bernhard Hoetger und Otto Modersohn, in die auch Kurt Becker-Glauch einbezogen wurde, rückten die ungeklärten Konditionen und Absprachen, unter denen das Grabmal in Worpswede errichtet werden sollte. Und hier liegt möglicherweise auch der Schlüssel für die von Hoetger vorgenommenen Veränderungen.

Schon kurze Zeit nach Paulas Tod hatte er sich siebzehn Bilder aus Paulas Nachlaß, der eigentlich der Tochter Tille zustehen sollte, mit dem Einverständnis Otto Modersohns, der als Treuhänder für seine minderjährige Tochter fungierte, ausgewählt. Hoetgers spätere Rechtfertigung war, daß *„man damit die größte Sehnsucht der Paula [erfüllte], denn die von mir ausgewählten Bilder waren mir bereits zum größten Teil von Paula in Paris geschenkt worden.“*[48] Otto Modersohn bezweifelte eine solche Zusage entschieden. Statt dessen machte er gegenüber Hoetger geltend: *„<u>Ein</u> Bild wollte sie Ihnen überlassen, den Akt mit dem Kind auf dem Arm; das nahmen Sie aber nicht, weil Sie es nicht mochten.“*[49] Otto Modersohn fand sich schließlich doch bereit, in den Handel einzuwilligen. Seine Erklärung: Hoetger habe sofort von dem Grabmal gesprochen, das er dafür schaffen wolle. Aus Modersohns Sicht war deshalb mit den Bildern ein hinreichender finanzieller Ausgleich für das avisierte Vorhaben geleistet worden. Nach seinen Berechnungen lag ihr Verkaufswert bei etwa 13 000 Mark.

Hoetger seinerseits lehnte einen Zusammenhang zwischen den Bildern und dem Grabmal vehement ab. In dem bereits zitierten Brief vom 23. Juli 1919 schrieb er: *„Das Denkmal entstand nicht, weil ich nach dem Tode der Paula Bilder bekommen habe, sondern aus Überzeugung, daß dieser Frau eine öffentliche Auszeichnung* *gebührt.*"[50] Im Gegenteil, die kapitalistischen Denk- und Verhaltensweisen, die er besonders bei Otto Modersohn ausmachte, wären ihm, der sich ausschließlich der Kunst und dem Andenken an die Verstorbene verpflichtet fühlte, zutiefst zuwider. Dabei gehörten Hoetger 1917 schon 48 Gemälde und etliche Zeichnungen aus dem Nachlaß Paula Modersohn-Beckers, von denen er einen Teil baldmöglichst gegen gute Preise an zahlungskräftige Sammler, z.B. an den Bremer Großkaufmann Ludwig Roselius, veräußerte – obwohl er die Bilder gegenüber Otto Modersohn als „*unveräußerliche Kunstwerke*" deklariert hatte.[51]

Angesichts solcher Ungeklärtheiten bzw. derart unterschiedlicher Interpretationen von tatsächlichen oder vermeintlichen Abmachungen wird man sich kaum wundern dürfen, daß die Errichtung des Grabmals nicht so recht vorankam. Die vergiftete Beziehung zwischen den Hauptkontrahenten führte schließlich dazu, daß sie sich wechselseitig die Freundschaft aufkündigten. Hoetger und Modersohn waren Feinde geworden, die in ihren Briefen auch vor heftigen Verbalinjurien und Drohungen nicht mehr zurückschreckten. Bezeichnend war z.B. auch, daß Hoetger seine zunächst neutral formulierte Aussage in seinen „Erinnerungen an Paula Modersohn"[52] –: „*Ich wußte jetzt, sie war die Frau des Malers Otto Modersohn aus Worpswede*" – im Jahre 1932 veränderte in: „*Sie war die Frau eines sehr bekannten, von mir nicht sehr geschätzten deutschen Malers.*"[53]

Das Verhalten Hoetgers bleibt in der einschlägigen Literatur nicht unbeachtet. So sieht z.B. Kirsch[54] darin eine Vermischung von „*Totenehrung, Kunst und Geschäftssinn*". Mit anderen Worten: Die Verzögerungen ab Herbst 1915 werden, aus einer solchen Perspektive gesehen, ausschließlich Hoetger angelastet. Dabei unterstellt man, daß er sich auf diese Weise gezielt eine Handhabe verschafft habe, um den Preis, d.h. die Anzahl der Bilder als Kompensationsleistung nach oben schrauben zu können. Angesichts der zweckentfremdeten Löwen ist jedoch weiter zu fragen: Griff Hoetger neben zeitlichen Pressionen auch dazu, sich notfalls gravierende Veränderungen bei der Gestaltung des Grabmals vorzubehalten, wenn man seinen Wünschen bzw. Forderungen nicht Folge leisten wollte?

Hinzu kommt, daß er aufgrund seines aufwendigen Lebensstils an einem chronischen Geldmangel litt und darauf angewiesen war, erschlossene Quellen offen zu halten. Interessant ist, daß Hoetger das zunächst gute Einvernehmen mit seinem Mäzen Hermann Bahlsen ebenfalls durch finanzielle Forderungen – u.a. beim Bau des Brunnenhofs – erheblich belastete. In dem Streit griff er zu einer Wortwahl, die stark an seine Briefe an Otto Modersohn erinnert. So weist er auch Bahlsen gegenüber dessen Vorwurf, zu sehr auf das Materielle aus zu sein, entrüstet von sich. Nicht Geld locke ihn, sondern nur die Tat. Geld sei lediglich das Mittel zur Tat.[55]

Wenn auch viel dafür spricht, so ist Hoetgers Verhalten nicht allein auf die finanzielle Problematik und seinen überzogenen Lebensstil zu reduzieren. Einerseits sollte bedacht werden, es war Krieg, der u.a. die Ressourcen an Baumaterialien und Arbeitskräften verknappte. In solchen Zeiten hatte die Errichtung eines Grabmals – noch dazu für eine längst verstorbene Künstlerin – sicher keine Priorität. Andererseits war Hoetger ein vielbeschäftigter Mann. Wer wollte es ihm verübeln, daß er sich, als 1915 endlich alle Hürden überwunden worden waren, in erster Linie um den Bau und die Finanzierung seines ersten Hauses, des Brunnenhofs, kümmerte? Parallel dazu arbeitete er in Worpswede an Entwurf und Ausführung des Niedersachsensteins, was ihm bekanntlich viel Ärger und Verdruß einbrachte.

Zudem war er in Hannover für seinen damaligen Mäzen, den Keksfabrikanten Hermann Bahlsen, mit den

Grundrissen und Modellen für die großangelegte Fabrik mit Wohn- und Arbeitsstadt, der sogenannten TET-Stadt, befaßt. Darüber hinaus hatte man ihn – wiederum hauptsächlich auf Veranlassung Bahlsens – zu Ehren des Generals von Hindenburg mit den Planungen zu einem riesigen Architektur- und Denkmalsprojekt, dem sogenannten Hindenburg-Ring in Hannover, betraut. Mit derartig gewaltigen Vorhaben verglichen war das Anliegen des Grabmals eine Kleinigkeit ohne jeden besonderen Stellenwert.

Außerdem ging es Hoetger gesundheitlich nicht gut. Im Jahre 1918 mußte er sich für längere Zeit in einem Wiesbadener Sanatorium, danach zur Kur in Bad Kissingen und schließlich zur Nachkur in Oberhof aufhalten. Alles war geeignet, die Friedhofsangelegenheit nicht mit besonderem Einsatz und Nachdruck zu verfolgen.

Und doch: Sollte man nicht auch Otto Modersohn verstehen, der es sonderbar fand, daß Hoetger nicht selbst das Verlangen hatte, das Grabmal zügig und früher fertigzustellen? Und darüber hinaus: Weshalb die gravierende Veränderung? War es die Replik auf den Konflikt? Oder spielten gar künstlerische Überlegungen, z.B. eine auf größere Schlichtheit bedachte Gestaltung, eine Rolle? Wie auch immer: Ein Rest Ungeklärtheit bleibt.

Kritiken

Der Maler und Keramiker Friedrich Blau (1883-1971), nach dem Ersten Weltkrieg besuchsweise noch einmal in Worpswede, bemerkte in seinen Erinnerungen lapidar: „*Auf dem Kirchhofe hatte das Grab von Paula Modersohn ein etwas skurriles Denkmal bekommen.*“[56] Und der mit Vogeler befreundete Arzt Emil Löhnberg (1871-1926) aus Hamm, ebenfalls ein früher Bewunderer von Paulas Kunst, nannte das Denkmal in einem 1917, noch während der Bauzeit, veröffentlichten Beitrag „*einen Hoetgerschen Sarkophag von hehrer Schönheit*“.[57] Man fragt sich, wie er das wohl gemeint hat?

Eindeutiger ist die Einschätzung, die David Erlay vornahm. Hoetgers Plastik habe, so seine unterschwellige Kritik, aus dem Grab eine Stätte gemacht. „*Die Skulptur drückt – und manchen er-drückt sie ... Paulas Grab, so man es gestaltet hätte, wie von ihr geschildert, hätte die unmittelbare Zwiesprache zugelassen; so aber führt und verführt es zu einer Auseinandersetzung mit dem Denkmal über seinen Wert an sich und darüber, ob es jener, der es gilt, angemessen ist oder nicht. Sicher, auch dieser Weg weist zu Paula, doch ist es ein Umweg. Wer ihr Grab sucht, findet es nicht über die 'Wucht der Rosen', sondern über die Wucht von Stein.*“[58]

Exakt diesen Zwiespalt sprach wohl auch der Worpsweder Schriftsteller Wilhelm Scharrelmann (1875-1950) an. Er sah bereits 1926 in der Grabmalsgestaltung mehr einen „*Ausdruck ihres tragischen Frauenschicksals als eine Verkörperung ihrer künstlerischen Persönlichkeit*“.[59] Und wenn er mahnend anmerkt, sich nicht nur der „*Tragik ihres Lebensabschlusses*“, sondern mehr „*ihre(r) herbe(n), unbeirrt nach den letzten Zielen stre-*

Paula Modersohn-Beckers Grabmonument in dem backsteinlosen Zustand des Sockels

Tille und Elsbeth Modersohn beim Reinigen der Plastik auf Paulas Grab, 1979

bende(n) Kunst“[60] zu erinnern, darf man darin getrost eine verdeckte Kritik an der Arbeit Hoetgers erkennen.

Manfred Hausmann (1898-1986) gar, ein weiterer bekannter Schriftsteller, der über Jahrzehnte in Worpswede lebte, ließ die Besucher in seinem Beitrag über „Das Grab“ fragen: *„Aber warum ist es denn nicht so, wie* *die Verstorbene es sich gewünscht hat? Da steht ein schönes Denkmal, da ist eine hohe, düstere Hecke, da ist eine gepflegte Stätte, aber wo sind die Rosen, wo ist das Gitter, wo die Nelken, wo das Beet, wo die Holztafel?*“[61] Zunächst läßt Hausmann die enttäuschten Besucher traurig weggehen, doch bei Dunkelheit kehren sie mit einem Blumenstrauß zurück. *„Scheue, hilflose Gaben scheuer Menschen. Aber das Schönste, was einer Frau wie Paula Modersohn je geschenkt wurde.*“[62]

Ob hilflose oder absichtsvolle Gaben, wann immer man das Grab Paulas besucht, findet man dort Blumen. Und das beweist: Selbst wenn das Denkmal der Person der Paula Modersohn-Becker, ihrer künstlerischen Intention und Bedeutung nicht zu entsprechen vermag, ihrem Lebensschicksal wird es in jedem Falle in einer symbolhaften Weise gerecht.

Bleibt „nur“ noch die Sorge über die bereits eingetretenen Formverluste bei den Figuren bzw. über die Schäden am Sockel. Der Zahn der Zeit nagt auch hier unaufhörlich. Die Forderung von Karl-Robert Schütze aus dem Jahre 1984, wonach eine *„grundlegende Restaurierung und Sicherung*“[63] schnellstens durchgeführt werden müßte, verfehlte ebenso ihre Wirkung wie Heinrich Schmidt-Barriens fünf Jahre später mitgeteiltes Mißbehagen über den Zustand des Gedenksteins. Es sei traurig, *„dort vorüberzugehen und zu beobachten, wie dieses Gesicht von der Nase her mehr und mehr zu zerbröckeln beginne.*“[64] Und heute? Nach wie vor schreitet der Verfall voran. Dabei sollte allen Verantwortlichen klar sein: Bleiben auch weiterhin erhaltende Maßnahmen aus, werden die Gästeführer und Gästeführerinnen bald darauf verweisen können, wo Paulas Grabdenkmal einmal gestanden und wie es ausgesehen hat.

Anmerkungen

1 Hetsch 1932, S. 51
2 Vgl. Heimatbund Fischerhude/Quelkhorn 1999
3 Zu diesen Deutungen vgl. vor allem Wehner 1994, S. 191
4 Ebenda, S. 194
5 Siehe den Bonzen des Humors, die lachende Zentralfigur der „Lichtseite“, als kleine Majolika-Keramik in der Großen Kunstschau und als vergrößerten Abguß im Parkgelände davor
6 Wehner 1994, S. 194
7 Röm. 8, V. 28
8 v. Reinken 2001, S. 56 f.
9 Ebenda, S. 59
10 Zitiert nach Bohlmann-Modersohn 1997, S. 183 f.
11 Vgl. Hoetger 1919
12 Vgl. Brief an Hoetger vom 10. August 1919; siehe Archiv des Otto-Modersohn-Museums
13 Blau 1976, Drittes Buch, S. 15
14 Zitiert nach Gärtner 1994, S. 261
15 Vgl. Hetsch 1932
16 Stamm 2003, S. 110
17 Petzet 1957, S. 167
18 Vgl. Wendt 2002, S. 228
19 Vgl. Hoffmann 1986, S. 209; Dehio 1992, S. 1414
20 Vgl. Stock 1996, S. 88
21 Vgl. Landesbildstelle Bremen 1993, S. 24
22 Götte 1993, S. 25
23 Zitat aus dem Brief Otto Modersohns an Hoetger vom 10. August 1919; siehe Archiv des Otto-Modersohn-Museums
24 Siehe Archiv des Otto-Modersohn-Museums

25 Ebenda
26 Vgl. Kirchenarchiv Rep. 9, A 592
27 Vgl. Erlay 1981
28 Schütze 1984, S. 4
29 Vgl. Boulboullé/Zeiss 1989
30 Siehe Kirchenarchiv
31 Vgl. Steilen 1938
32 Benemann 1978, S. 90
33 Kirchenarchiv Rep. 9, A 592a
34 West alias v. Schlieffen 1915, S. 109 f.
35 Vgl. Wehner 1994, S. 188
36 Zitiert nach Golücke 1984, S. 90
37 Vgl. Wehner 1996
38 Vgl. Staatsarchiv Bremen, Senatsprotokolle 1915 und 1916
39 Rep. 174 Osterholz, Fach 315, Nr. 3
40 Ebenda
41 Vgl. Brief von Pastor Röhrbein vom 3. August 1915; ebenda
42 Rep. 174 Osterholz, Fach 315, Nr. 3
43 Ebenda
44 Brief an Hoetger vom 10. August 1919; siehe Archiv des Otto-Modersohn-Museums
45 Ebenda
46 Vgl. Rep. 174 Osterholz, Fach 315, Nr. 3
47 Siehe Archiv des Otto-Modersohn-Museums
48 Aus der Abschrift eines Briefes vom 23. Juli 1919 an Kurt Becker-Glauch; ebenda
49 Brief vom 10. August 1919; ebenda
50 Siehe Anm. 48
51 Vgl. Anczykowski 1998, S. 202 f.
52 Uphoff 1919, S. 12
53 So in einer im Nachlaß B. Hoetgers erhalten gebliebenen Notiz, Archiv Kunstsammlung Böttcherstraße
54 Kirsch 1987, S. 143
55 Vgl. Engel 1993 und 1998

56 Blau 1976, Drittes Buch, S. 31
57 Zitiert nach Erlay 1979, S. 8
58 Ebenda, S. 14
59 Scharrelmann in Stelljes 1989, S. 124
60 Ebenda
61 Hausmann 1932, S. 109
62 Ebenda, S. 110
63 Schütze 1984, S. 4
64 Schmidt-Barrien 1989, S. 110

Quellen- und Literaturverzeichnis

Quellen

Archiv Kunstsammlungen Böttcherstraße Bremen, Nachlaß B. Hoetger
Archiv des Otto-Modersohn-Museums, Fischerhude
Kirchenarchiv Worpswede
- Rep. 9, A 500 bis 594, 2
- Rep. 9, A 592 (Ordnung über die Bestimmung und die Benutzung des Kirchhofes der Gemeinde Worpswede vom 13. März 1890)

Niedersächsisches Staatsarchiv Stade
- Rep. 174 Osterholz, Fach 315, Nr. 3 (Der Kirchhof zu Worpswede)

Staatsarchiv Bremen
- Senatsprotokolle Nr. 919 (20. April 1915) und Nr. 169 (25. Januar 1916)

Literaturverzeichnis

Anczykowski, M.: Bernhard Hoetger – Paula Modersohn-Becker – Ludwig Roselius: Verflechtungen. In: Kunstsammlungen Böttcherstraße, Bremen (Hrsg.): Bernhard Hoetger. Skulptur – Malerei – Design – Architektur. Bremen 1998, S. 200-205
Benemann, M.: Leih mir noch einmal die leichte Sandale. Hamburg 1978
Blau, F.: Erinnerungen. Manuskript. Hannover 1976

Bohlmann-Modersohn, M.: Paula Modersohn-Becker. Eine Biographie mit Briefen. München [5]1997

Boulboullé, G./Zeiss, M.: Worpswede. Kulturgeschichte eines Künstlerdorfes. Köln 1989

Dehio, G.: Handbuch der Deutschen Kunstdenkmäler. Bremen-Niedersachsen. München/Berlin 1992

Engel, F.: Bernhard Hoetger und Hermann Bahlsen. Zwei Visionäre auf dem Weg zu einem industriellen Gesamtkunstwerk. In: Stelljes, H. (Hrsg.): Worpsweder Vorträge. Lilienthal 1993, S. 205-229

Engel, F.: Intuition und Tat – Die Beziehung Bernhard Hoetgers zu seinem Mäzen Hermann Bahlsen. In: Kunstsammlungen Böttcherstraße, Bremen (Hrsg.): Bernhard Hoetger. Skulptur – Malerei – Design – Architektur. Bremen 1998, S. 64-71

Erlay, D.: Wucht von Stein – und nicht von Rosen. Am Grab der Paula Modersohn-Becker in Worpswede. Fischerhude 1979

Erlay, D.: Vogeler. Ein Maler und seine Zeit. Fischerhude 1981

Gärtner, H.: Worpswede war ihr Schicksal. Modersohn, Rilke und das Mädchen Paula. Düsseldorf 1994

Götte, G.: Paula Modersohn-Becker: Selbstbildnisse. Beiheft zur Diareihe. Bremen 1993

Golücke, D.: Bernhard Hoetger. Bildhauer, Maler, Baukünstler, Designer. Worpswede 1984

Hausmann, M.: Das Grab. In: Hetsch, R. (Hrsg.): Paula Modersohn-Becker. Ein Buch der Freundschaft. Berlin 1932, S. 108-110

Heimatbund Fischerhude/Quelkhorn e.V. (Hrsg.): Quelkhorn im Wandel der Zeit. Bremen 1999

Hetsch, R. (Hrsg.): Paula Modersohn-Becker. Ein Buch der Freundschaft. Berlin 1932

Hoetger, B.: Erinnerungen an Paula Modersohn. In: Uphoff, C.E.: Paula Modersohn. Junge Kunst, Bd. 2. Leipzig 1919, S. 12-15

Hoffmann, H.-Ch.: Bremen, Bremerhaven und das nördliche Niedersachsen. Köln 1986

Kirsch, H.-Ch.: Worpswede. Die Geschichte einer deutschen Künstlerkolonie. München 1987

Landesbildstelle Bremen (Hrsg.): Paula Modersohn-Bekker: Selbstbildnisse. Beiheft zur Diareihe. Bremen 1993

Petzet, H.W.: Das Bildnis des Dichters. Paula Becker-Modersohn und Rainer Maria Rilke. Eine Begegnung. Frankfurt a.M. 1957

Reinken, L. von: Paula Modersohn-Becker. Rowohlts Monographien. Reinbek bei Hamburg [14]2001

Rilke, R.M.: Requiem für eine Freundin. In: Hetsch, R. (Hrsg.): Paula Modersohn-Becker. Ein Buch der Freundschaft. Berlin 1932, S. 5-11 (Erstdruck des Requiems 1909)

Schmidt-Barrien, H.: Worpsweder Begegnungen. Aus meinem Skizzenbuch. Osterholz-Scharmbeck 1989

Schütze, K.-R.: Überlegungen zu einem Denkmalentwurf. Paula Modersohn-Beckers Grabmal auf dem Worpsweder Friedhof. In: Heimat und Kultur zwischen Elbe und Weser, 3. Jg., 1984, Heft 2, S. 2-4

Stamm, R. (Hrsg.): Paula Modersohn-Becker. Briefwechsel mit Rainer Maria Rilke. Frankfurt a.M./Leipzig 2003

Steilen, D.: Norddeutsche Grabmalkunst. Bremen 1938

Stelljes, H. (Hrsg.): Worpsweder Almanach. Bremen 1989 (darin: Scharrelmann, W.: Neu-Worpswede [Manuskript 1926], S. 122-129)

Stock, W.-D.: Kleiner Worpswede Führer. Fischerhude 1996

Uphoff, C.E.: Paula Modersohn. Junge Kunst, Bd. 2. Leipzig 1919

Wehner, D.T.: Bernhard Hoetger: das Bildwerk 1905 bis 1914 und das Gesamtkunstwerk Platanenhain. Alfter 1994

Wehner, D.T.: Olga Bontjes van Beek und Bernhard Hoetger. In: Kunstsammlungen Böttcherstraße Bremen (Hrsg.): Olga Bontjes van Beek. Künstlerin und Künstlermodell. Ausstellungskatalog. Bremen 1996, S. 28-45

Wendt, G.: Clara und Paula. Zwei Freundinnen und Künstlerinnen. Hamburg 2002

West, R. alias Schlieffen, Gräfin A. von: Bernhard Hoetger und die Stilwandlung des 20. Jahrhunderts. In: Der Cicerone, 7. Jg., 1915, Heft 5/6, S. 101-116

Dank

Bei den Recherchen haben mir zahlreiche Personen geholfen. Mein besonderer Dank geht an

Rainer Noeres,
Otto-Modersohn-Museum Fischerhude,

Dr. Rainer Stamm,
Kunstsammlungen Böttcherstraße Bremen,

Wolfgang Werner,
Paula Modersohn-Becker-Stiftung Bremen,

Hans-Hermann Hubert,
Ortsarchiv Worpswede,

Pastor Ewald Dubbert,
Kirchenarchiv Worpswede,

Wilhelm Wannemacher, Darmstadt,

Elisabeth Bachschuster,
Institut Mathildenhöhe Darmstadt,

Peter Elze, Worpswede,

Sonja Toeppe, Worpswede,

und Werner Schön, Worpswede.

Bildnachweis

Archiv Bontjes van Beek, Fischerhude:
S. 44

Archiv Peter Elze, Worpswede: S. 8, 18, 31, 32, 63, 64

Archiv Kunstsammlungen Böttcherstraße, Bremen:
S. 51, 52

Archiv Otto-Modersohn-Museum, Fischerhude:
S. 14, 26, 28, 35, 37, 40

Archiv Jürgen Teumer, Worpswede:
S. 10, 12, 16, 17, 19, 20, 43, 53, 54

Ev.-luth. Pfarrgemeinde Zionskirche, Worpswede:
S. 39, 41

Landesbildstelle Bremen:
S. 33

Landesmuseum Bremen:
S. 45

Privatarchiv (unbekannter Besitzer):
S. 13

Staatsarchiv Stade:
S. 23

Worpsweder Archiv, Worpswede:
S. 36, 47

Über den Autor

Jürgen Teumer, Dr. phil., 1940 in einem kleinen Dorf in Sachsen geboren und in Niedersachsen aufgewachsen. Nach verschiedenen Lehramtsstudiengängen langjährige Tätigkeit als Grund-, Haupt- und Sonderschullehrer. Promotionsstudium sowie Professuren an den Universitäten in Hamburg, Marburg und an der Humboldt-Universität zu Berlin. Umfangreiche Lehr- und Forschungstätigkeit im Bereich der beeinträchtigten Sprache, verbunden mit vielen Fachveröffentlichungen. Seit einigen Jahren in Worpswede ansässig. Dort mit kultur und heimatgeschichtlichen Recherchen und Buchpublikationen beschäftigt (u.a. zur „Käseglocke“). Weitere sind in Vorbereitung (u.a. zur Worpsweder Kirche, zum Friedhof und zur Mühle).